시사

일본어능력시험

JLPT

합격 시그널

저자 上田暢美, 内田嘉美, 桑島卓男, 糠野永未子, 吉田歌織, 若林佐恵里, 安達万里江

모의고사

N1 문법

10 회분

시사일본어사

머리말

여러분 안녕하세요. 처음 뵙겠습니다. 이 책을 펼치신 여러분은 행운아입니다. 일본어능력시험 합격에 한 걸음 다가섰다고 생각합니다.

왜냐하면 이 책은 문제 수가 많기 때문입니다. 저희는 그동안 오랜 기간 일본어 교사 생활을 거치며, 일본어능력시험에 합격을 하기 위해서는 최대한 많은 문제를 풀면서 다양한 어휘와 표현을 익혀야만 합격에 가까워진다는 것을 경험해 왔습니다. 그래서 실제 일본어능력시험 유형에 맞춘 다량의 문제를 수록하였습니다. 합격을 목표로 많은 문제에 도전할 수 있습니다. 실제 시험처럼 시간을 재서 문제를 풀어 보고, 틀린 문제는 다시 풀어 보세요. 확실히 외울 때까지 여러 번 풀어 보세요. 그러면 합격은 바로 눈앞에 있을 것입니다.

자, 일단 문제집을 펴고, 풀어 보고 익혀 보세요. 그리고 합격해 주세요.

여러분을 응원하겠습니다!

저자 일동

목차

이 책의 사용법

이 책은 아웃풋(output) 연습으로 사용하는 것을 염두에 두고 만들었지만, 인풋(input) 수단으로도 이용할 수 있습니다. 즉, 여러분의 현재 실력을 실전 문제 형식을 통해 확인할 수도 있고, 새로운 지식을 습득할 수도 있습니다. 다음에 제시하는 교재 사용법을 참고하여 학습에 도움을 받으시길 바랍니다.

1. 여러 번 풀어 보기

시험 공부는 절대량이 중요합니다. 특히 틀린 문제를 그대로 두면 문제를 푸는 의미가 없습니다. 몇 번이고 다시 풀어서 지식을 자신의 것으로 만드세요.

예 네 번씩 풀어 보기

첫 번째: 문제집에 직접 쓰지 말고 노트에 풀어 본다. 풀지 못한 문제는 표시해 둔다.

두 번째: 문제집에 직접 쓰지 말고 노트에 풀어 본다. 표시가 있는 것을 풀어 본다. 또 다시 풀지 못한 문제는 새로 표시해 둔다.

세 번째: 문제집에 직접 쓰지 말고 노트에 풀어 본다. 새로 표시한 문제를 풀어 본다.

네 번째: 시간을 재서 모든 문제를 풀어 본다. 목표 시간보다 짧은 시간 안에 풀도록 한다.

2. 자투리 시간 활용하기

시간이 날 때, 예를 들면 버스나 지하철을 타고 이동하는 도중이라도 틈틈이 문제를 풀어 보세요. 책상에 앉아서 전체를 한번에 다 풀어 보는 학습만이 유일한 방법은 아닙니다.

3. 모르면 해답 보기

최종적으로 본 시험 당일에 풀 수만 있으면 됩니다. 따라서 '도저히 생각해도 모르겠다'고 생각되는 문제는 적극적으로 해답을 보고 지식을 얻어서 익히도록 하세요.

4. 스피드를 우선시하기

첫 페이지부터 시간을 들여 모든 것을 이해하려고 할 필요는 없습니다. 어차피 여러 번 풀어 볼 테니까 처음에는 전체의 절반만 이해해도 성공이라는 마음으로 편하게 생각하세요. 두 번째, 세 번째에 머릿속에 넣으면 됩니다. 그러기 위해서라도 멈추지 말고 신속하게 풀어 나가는 것이 좋습니다.

달성표

	예	1회	2회	3회	4회	5회	6회	7회	8회	9회	10회
첫 번째	8										
두 번째	11										
세 번째	16										
네 번째	20										

다 풀었으면 20문제 중
몇 문제가 정답이었는지
기록해 보세요.

일본어능력시험(JLPT)의 개요

원칙적으로 일본어를 모국어로 하지 않는 사람을 대상으로 일본어 능력을 측정하고 인정하는 세계 최대 규모의 일본어 시험입니다. 1984년에 시작하여 2010년에 새로운 형식으로 바뀌었습니다. N5부터 N1까지 다섯 레벨로 구분되어 있습니다.

+ **주최**　국제교류기금과 일본국제교육지원협회가 공동 개최

+ **개최 시기**　7월과 12월 연 2회 (개최 장소에 따라 연 1회)

+ **개최 장소**　시험에 대한 자세한 내용은 공식 사이트를 참조하세요.
www.jlpt.or.kr

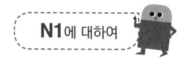

N1에 대하여

+ **시간**　언어 지식 (문자 · 어휘 · 문법) · 독해: 110분
청해: 60분

+ **득점**

종합 득점		득점 구분(영역)					
		언어 지식 (문자·어휘·문법)		독해		청해	
득점 범위	합격 점수	득점 범위	기준 점수	득점 범위	기준 점수	득점 범위	기준 점수
0~180점	100점	0~60점	19점	0~60점	19점	0~60점	19점

합격을 위해서는 ①종합 득점이 합격에 필요한 점수(=합격 점수) 이상이어야 하고, ②각 영역별 합격에 필요한 점수(=기준 점수) 이상이어야 합니다. 한 영역이라도 기준 점수에 미달할 경우에는 종합 득점이 아무리 높아도 불합격 처리됩니다.

득점은 '척도 득점'을 도입하고 있습니다. 척도 득점은 '등화' 방법을 이용한 것으로, 항상 같은 척도로 측정할 수 있는 득점 방식입니다. 척도 득점을 이용함으로써 시험을 봤을 때의 일본어 능력을 보다 정확하고 공평하게 점수로 나타낼 수 있습니다.

+ 인정 기준 폭넓은 장면에서 사용되는 일본어를 이해할 수 있다.

읽기

- 폭넓은 화제에 대해 쓰인 신문의 논설, 평론 등 논리적으로 약간 복잡한 글이나 추상도가 높은 글 등을 읽고, 글의 구성과 내용을 이해할 수 있다.
- 다양한 화제의 내용에 깊이 있는 읽을거리를 읽고, 이야기의 흐름과 상세한 표현 의도를 이해할 수 있다.

듣기

- 폭넓은 장면에서 자연스러운 속도의 체계적인 내용의 대화나 뉴스, 강의를 듣고, 내용의 흐름 및 등장인물의 관계나 내용의 논리 구성 등을 상세하게 이해하거나 요지를 파악할 수 있다.

+ N1 문법 구성

	문제	목표
5	문장의 문법1 (문법 형식 판단)	문장의 내용에 맞는 문법 형식인가를 판단할 수 있는지 묻는다.
6	문장의 문법2 (문장 만들기)	올바르고 뜻이 통하는 문장을 조립할 수 있는지 묻는다.
7	글의 문법	글의 흐름에 맞는 문장인가를 판단할 수 있는지 묻는다.

정답·해설 - 91p

정답 수

/ **20** 문제

문제 풀이
목표 시간

30분

問題1 次の文の（　　）に入れるのに最もよいものを、1・2・3・4から一つ選びなさい。

① 一度には無理だが、これくらいの量の荷物なら一人で（　　）。
1　運べないだろう　　　　　　　　　　2　運べなくもないだろう
3　運べるはずがない　　　　　　　　　4　運ばないに越したことはない

② 夫「うわあ、大きな虫！　早く外に出してよ。」
妻「子供（　　）、自分でやったら？」
1　といえども　　　2　だからって　　　3　でもあるまいし　4　にしたって

③ 週末（　　）、遊園地へ向かう車で高速道路は渋滞している。
1　にあって　　　　2　とあっても　　　3　とあって　　　　4　であっても

④ 今夜の公演は本当に感動的だった。（　　）主役の演技がすばらしく、心を打たれた。
1　むやみに　　　　2　いかに　　　　　3　ひいては　　　　4　とりわけ

⑤ わざわざ取引先まで（　　）よ。電話で連絡すれば十分だよ。
1　行くまでもない　　　　　　　　　　2　行くわけではない
3　行かないではすまない　　　　　　　4　行かずにはおかない

⑥ お昼にあの有名なレストランの前を通ったら、時間（　　）時間だけに長蛇の列ができていた。
1　で　　　　　　　2　を　　　　　　　3　が　　　　　　　4　に

⑦ （商談で）
山田「この件につきましては、部長の鈴木より再度（　　）ということで。」
田中「分かりました。お待ちしております。」
1　ご連絡してくださる　　　　　　　　2　ご連絡する
3　ご連絡なさる　　　　　　　　　　　4　ご連絡していただく

8 知っていたなら（　　　）。私があたふたするのを見て笑うなんて意地悪な人ですね。

　　1　教えるまでのことなのに　　　　　2　教えればそれまでだ

　　3　教えるきらいがある　　　　　　　4　教えてくれたらいいものを

9 彼の姿が（　　　）、待っていた人々は先を争ってサインを求めた。

　　1　見えるべく　　　　　　　　　　　2　見えるやいなや

　　3　見えるときたら　　　　　　　　　4　見えんばかりに

10 就職を（　　　）、4年間過ごした東京を離れ、田舎に戻ることにした。

　　1　契機に　　　　　2　皮切りに　　　3　限りに　　　　　4　もとに

問題 2 次の文の___★___に入る最もよいものを、1・2・3・4から一つ選びなさい。

11 彼の文章は読者を引きつける。 _____ _____ ___★___ _____ 、登場人物の
心情をうまく表現している。

　　　1　ひとつに　　　　2　言葉の選び方　　3　しても　　　　4　そうで

12 昨夜は妻の両親がいた _____ _____ ___★___ _____ 約束せずには済まない
状況だった。

　　　1　安定した　　　　2　つくと　　　　　3　手前　　　　　4　職に

13 店員に _____ _____ ___★___ _____ 山田さんに驚かされた。

　　　1　極まる　　　　　2　失礼　　　　　　3　言葉を発する　4　対して

14 気が _____ _____ ___★___ _____ とのことらしい。

　　　1　立場上　　　　　2　会議である　　　3　出ざるを得ない　4　進まないが

15 皆をこんな時間に呼び出したのは、 _____ _____ ___★___ _____ でしょうね。

　　　1　の理由　　　　　2　それなり　　　　3　のこと　　　　4　があって

問題3 次の文章を読んで、文章全体の主旨を踏まえて、 16 から 20 の中に入る最もよいものを、1・2・3・4から一つ選びなさい。

短視眼的希望

　高度成長期のように、まだ欲しい商品がすぐには手に入れられない時代には、いつの日にか、それを我が家のものとすることを願い、一所懸命働きました。それから経済が成熟し、多くの家庭では欲しい商品はだいたい手に入れることができるようになります。 16 求めるものは、将来の商品の購入ではなく、今すぐに「満たされたい」「気持ちよくなりたい」というサービスを求める感覚に変わっていきます。サービス社会の進展です。

　1990年代に流行した「癒されたい」という言葉も、遠い先に 17 、すぐにラクになりたい、今気持ちよくなりたいという希望の変化を象徴する言葉です。希望は遠い先にあるものから、すぐに実現してほしいものへと変化していきました。

　裏返せば現代は、すぐに希望がかなえられなければ「希望がない」という感覚につながりやすくなっているのです。この製造業を中心とした経済から、サービス業に重心を移した経済へという産業構造の変化も、社会における希望のありように影響しています。

　近くの希望を求めがちになるのは経済の必然としても、ただ一方で希望があまりに短視眼的になりすぎるのは、危険かもしれません。幸福が継続を求めるの 18 、希望は変化とセットであるという話を前にしました。短い希望を求めすぎると、変化ばかりを求めがちになります。そうなると、日常に変化がないことを過度に退屈と思ってしまい、落ち着いて未来に取り組むということが、億劫（おっくう）に感じられる傾向も 19 。

　かつて倒産の危機にあった日産自動車を立て直すために経営者となったカルロス・ゴーンさんは、社員一人ひとりに二つのことを求めたといいます。一つは短期の「コミットメント（達成責任）」。もう一つは長期の「ターゲット（目標）」でした。それらを社員が自分で決めて実行することを、改革の原動力にしたそうです。希望は、短期、中期、長期の三つくらいにわけて持つと、いい 20 。

（玄田有史『希望のつくり方』岩波新書による）

16

　　1　そういうことなら　　　　　2　こうするのなら

　　3　そうなると　　　　　　　　4　こういえば

17

　　1　満たすものではなく　　　　2　満たされないのなら

　　3　満たされようものなら　　　4　満たされるのではなく

18

　　1　に引き換え　　　　　　　　2　とは対照的に

　　3　にともない　　　　　　　　4　とあいまって

19

　　1　強まるでしょう　　　　　　2　強めるでしょう

　　3　強まらないでしょう　　　　4　強めないでしょう

20

　　1　のでしょうか　　　　　　　2　とは言えません

　　3　と言わざるを得ません　　　4　のかもしれません

정답·해설 – **91p**

정답 수

20 문제

문제 풀이
목표 시간

30분

問題1 次の文の（　　）に入れるのに最もよいものを、1・2・3・4から一つ選びなさい。

1 （スピーチで）

「新社屋完成おめでとうございます。御社のますますのご発展を（　　）。」

1　願ってやみません　　　　　　　2　願っていないことはありません

3　願わないわけではありません　　4　願っておりません

2 田中「風邪が大流行していますね。」

佐藤「私は全然風邪をひかないから大丈夫だと思います。」

田中「でも、今年の風邪は長引くようですから、注意するに（　　）ですよ。」

1　越したことはない　　　　　　　2　限らない

3　極まりない　　　　　　　　　　4　値しない

3 （張り紙で）

当医院では、夜9時を過ぎてからの面会は、（　　）認められていません。

1　どうしても　　2　むしろ　　　　3　必ず　　　　　4　いっさい

4 有名な大学を卒業していれば、優秀で仕事もよくできる（　　）。必ずしもそうではないと思われる。

1　べきではないだろうか　　　　　2　べきであるか

3　と言えないではないか　　　　　4　と言えるだろうか

5 事故の影響で電車は遅れ（　　）遅れ、待ち合わせの時間に1時間も遅刻してしまった。

1　は　　　　　　　2　に　　　　　　　3　が　　　　　　　4　し

6 （インタビューで）

記者「社長、今回の件について一言お願いいたします。」

社長「今後、このようなことを二度と起こさないよう、細心の注意を（　　　）。」

1　払う所存でございます　　　　　2　払うわけでございます

3　払わないではいられません　　　4　払わないものでもございません

7 プレゼンテーションを頼まれた。人前で話すのが大嫌いなので、（　　　）そうした
いが、社の命運がかかっているらしい。

1　やらずに済むのだから　　　　　2　やらずにいることで

3　やらずに済むものなら　　　　　4　やらずにいると

8 毎日仕事をしていると大変だが、（　　　）家族サービスで休む暇もない。

1　休みになったらなったで　　　　2　休もうが休むまいが

3　休むことをものともせず　　　　4　休みのいかんにかかわらず

9 この写真を見ると、当時のことが（　　　）自然と涙が出てきてしまう。

1　思い出させられて　　　　　　　2　思い出させて

3　思い出して　　　　　　　　　　4　思い出されて

10 早く帰りたいが、みんな残って準備をしているものだから（　　　）。

1　帰るまでもない　　　　　　　　2　帰るに帰れない

3　帰るまでのことだ　　　　　　　4　帰ってもかまわない

問題2 次の文の＿＿★＿＿に入る最もよいものを、1・2・3・4から一つ選びなさい。

11 皆で話し合っている最中、まるで ＿＿＿＿ ＿＿＿＿ ＿＿★＿＿ ＿＿＿＿ 腹が立った。

1　のに　　　　　　　　　　　　2　ケータイをいじり出す

3　自分は関係ない　　　　　　　4　とばかりに

12 ベジタリアンの彼は、肉や魚 ＿＿＿＿ ＿＿＿＿ ＿＿★＿＿ ＿＿＿＿ しないらしい。

1　はおろか　　　2　口に　　　　3　すら　　　　4　卵や牛乳

13 地下室は米国では一般的なようだが、それに馴染みの ＿＿＿＿ ＿＿＿＿ ＿＿★＿＿
＿＿＿＿。

1　場所である　　2　秘密めいた　　3　私にとっては　　4　ない

14 会社のお金に手をつけていた ＿＿＿＿ ＿＿＿＿ ＿＿★＿＿ ＿＿＿＿ 禁じ得ない。

1　怒り　　　　2　社員　　　　3　に　　　　4　を

15 冗談とはいえ、あんなひどいことを言われて、絶対 ＿＿＿＿ ＿＿＿＿ ＿＿★＿＿
＿＿＿＿ と思っていたが、仕事は仕事なので手伝うことにした。

1　ものか　　　　2　なんて　　　　3　やる　　　　4　手伝って

問題3 次の文章を読んで、文章全体の主旨を踏まえて、 16 から 20 の中に入る最もよいものを、1・2・3・4から一つ選びなさい。

身の丈に合った暮らし方

多くの場合、子供の才能の限度を知っているのは親だが、 16 、却(かえ)ってそれがわからないという不幸なケースもないではない。例えば親が音楽好きで、しかも素人とは思えないほどの才能もあったために、その人は自分の子供には早くから英才教育を施し、世界に通用するピアニストやヴァイオリニストにしようなどと思う 17 。

あるいは、自分には生まれのよさや家代々で受け継いだ財産などがないことを知っている家庭が、何とかしてその点で社会の上層部に「這(は)い上がりたい」と望む時に、無理が出る。

ほとんどすべてのことに、人には努力 18 限度がある。青年は「大志を抱く」のもいいが、「抱かない」のも賢さなのだ。

私は最近「身の丈に合った暮らし方」がますます好きになった。それも年を取ったおかげである。自分がどういう暮らしをしたら幸福かが、実感としてわかるようになったからだろう。

私もこざっぱりした服を着たり、少し趣味のいい小物を身近におきたい 19 。しかし多くは要らない。私はいわゆるものもちがいいので、気に入ったものを磨いたり修理したりして長く使い、その結果、ものが増える傾向にある。すると必要な時に、適切なものが取り出せない。

蛇でもタヌキでも、恐らくねぐらの穴の寸法は、自分の体に 20 。大きすぎても小さすぎても、不安や不便を感じる。この「身の丈に合った暮らし方」をするということが、実は最大のぜいたくで、それを私たちは分際というのであり、それを知るにはやはりいささかの才能が要る。分際以上でも以下でも、人間はほんとうには幸福になれないのだ。

（曽野綾子『人間の分際』幻冬舎新書による）

<u>16</u>

 1 親であるか否かにかかわらず 2 親だったら親だったで

 3 親だったからこそ   4 親であるがゆえに

<u>17</u>

 1 きっかけとなる   2 ためしがない

 3 ものとする   4 例である

<u>18</u>

 1 にあるまじき 2 にもまして 3 でなしうる   4 でないまでも

<u>19</u>

 1 とも思えない   2 とは思う

 3 と思わざるを得ない   4 と思うことになる

<u>20</u>

 1 合わないものではないだろう 2 合わないものがいいのだろう

 3 合ったものはないだろう   4 合ったものがいいのだろう

정답 · 해설 – 92p

정답 수

/ **20** 문제

문제 풀이
목표 시간

30 분

問題1 次の文の（　　）に入れるのに最もよいものを、1・2・3・4から一つ選びなさい。

① 10年も英語を学んだのに、意見を言うことは（　　）買い物もできない。
　　1　おろか　　　　　2　抜きにして　　　3　どうあれ　　　　4　いざ知らず

② A「この度は弊社のソフトがシステムエラーを起こしてしまい、本当にすみませんでした。」
　　B「すみません（　　）でしょう？　一刻も早く原因を究明してください。」
　　1　ではおかない　2　では済まない　3　には済まない　4　にはおかない

③ 彼の今回の講演はおもしろく（　　）有意義なものであった。
　　1　かえって　　　2　むしろ　　　　3　ないしは　　　　4　かつ

④ この本には平和への思いが込められており、読者にこのままではいけないと（　　）傑作だ。
　　1　思う　　　　　2　思われる　　　3　思わせる　　　　4　思っている

⑤ 人間がコンピューターに支配されるなんて、考える（　　）恐ろしい。
　　1　ゆえ　　　　　2　さえ　　　　　3　だに　　　　　　4　のに

⑥ 学生たちの（　　）、大学は学費の大幅な値上げを強行した。
　　1　反対とばかりに　　　　　　　　2　反対を皮切りに
　　3　反対をはじめ　　　　　　　　　4　反対をよそに

⑦ 映画の意外な結末に、観客は驚きを（　　）。
　　1　もとにした　　　　　　　　　　2　ものともしなかった
　　3　きっかけにした　　　　　　　　4　禁じ得なかった

8 中学生のころは遊んでばかりいました。高校生のときに田中先生に（　　）今の私
はありません。心から感謝しています。

　　1　出会っていなければ　　　　　　　2　出会ったとしたら

　　3　出会おうが　　　　　　　　　　　4　出会わなかったにしろ

9 自分からぶつかってきておきながら、謝りもせずに立ち去るなんて無礼（　　）。

　　1　しかない　　　　2　極まりない　　　3　にすぎない　　　4　でならない

10 彼は何も聞きたくないと（　　）、部屋を出て行ってしまった。

　　1　言わんばかりに　　　　　　　　　2　言わずして

　　3　言ったわりに　　　　　　　　　　4　言おうものなら

問題 2 次の文の___★___に入る最もよいものを、1・2・3・4から一つ選びなさい。

11 _____ _____ ___★___ _____、我々の上司が仕事の上で実践していることがある。

　　　1　良い　　　　　2　手本と　　　　　3　なるべく　　　　4　部下にとって

12 今ある環境問題を解決するには、_____ _____ ___★___ _____ 見直す必要がある。

　　　1　犠牲を　　　　2　生活を　　　　　3　多少の　　　　　4　払ってでも

13 自分のイメージ通りの _____ _____ ___★___ _____、服飾デザインの専門学校へ行くことにした。

　　　1　服が　　　　　　2　作るまでだと　　3　自分で　　　　　4　ないなら

14 部下を指導する立場にある人の多くは、細かな _____ _____ ___★___ _____。

　　　1　がある　　　　　2　きらい　　　　　3　ことまでも　　　4　こだわりすぎる

15 今年で結婚 50 周年を迎える両親 _____ _____ ___★___ _____、子供たちで家族旅行を計画した。

　　　1　に　　　　　　　2　と　　　　　　　3　への　　　　　　4　プレゼント

問題3 次の文章を読んで、文章全体の主旨を踏まえて、 16 から 20 の中に入る最もよいものを、1・2・3・4から一つ選びなさい。

おっくう

　おっくうという病がある。漢字で書くと「億劫」。医者のカルテにはしるされていないから、医学的には病気ではないのだろう。若い人がかかるケースはごく少ないと思われる。齢 16 疾患率が高まって、老いの到来とともに歴然とあらわれる。

　へんな漢字なのは、「おくこふ」の変化したもので、もともと長い時間がかかり、すぐにはできないという意味だったらしい。すぐにはできない、つまりしたくない。辞書には「手足や頭を働かせることがめんどうな様子」（「新明解国語辞典」）とある。気が向かない、めんどくさい、大儀だと言うのに似ている。亢進すると、 17 セリフになる。
（注）

　「何もかも、おっくうだねェ」

　私はまだそこまでは進んでいない。何もかもではなく、さし迫った何かが、おっくうになる。昔の仲間と久しぶりに会食をする約束、チケットを買ったピアノ演奏会、ちょっとした遠出のプラン、駅前の喫茶店でのインタビュー……。

　会食を約束したとき、 18 演奏会のチケットを手に入れたとき、たのしみだった。遠出のために地図やジャケットを用意したし、インタビューは身近なテーマで、なんら負担ではない。どれも気軽に応じられる。身支度をして、定刻に合わせて出かければいいのである。

　それが 19 のだ。前日の夜あたりから、全身がだるい感じで何やら気が重い。当日の朝、時間の腹づもりをするあたりから、気分がめいってくる。心がはずまない。なんともいえぬもの哀しい気分。自分では「老人性メランコリー」と言いかえて、さしあたりは我慢している。メランコリーは若いときもあったが、正確にはセンチメンタルで、おセンチな手紙を書いたり、映画館に行けば、あとかたもなくなった。このたびは 20 。そもそも手紙を書きたいなどとは、まるきり思わないし、映画に行くなんて、もとよりおっくうでならない。何の因果で人ごみの中へ出かけていくのか。

（池内紀「おっくうの系譜」『ベスト・エッセイ 2018』光村図書）

（注）亢進する：程度が進む

　　1　いかんで　　　2　とともに　　　3　を踏まえて　　　4　にかかわらず

　　1　そんな　　　　2　こんな　　　　3　あんな　　　　4　どんな

　　1　あるいは　　　2　つまり　　　　3　その上　　　　4　ゆえに

　　1　そうなった　　　　　　　　　2　そうならなくもない
　　3　そうなる　　　　　　　　　　4　そうとはならない

　　1　まるでちがう　　　　　　　　2　相違ないのである
　　3　それほどちがわない　　　　　4　ちがうおそれがある

4회

정답 · 해설 – **92p**

정답 수

/ **20** 문제

문제 풀이
목표 시간

30분

問題1 次の文の（　）に入れるのに最もよいものを、1・2・3・4から一つ選びなさい。

1
回

2
回

3
回

4
回

5
回

6
回

7
回

8
回

9
回

10
回

1 不満を（　）が、この不景気に再就職は難しいから今の会社を辞めることはできない。

1　言うまでもない　　　　　　　　2　言うに越したことはない

3　言うにはあたらない　　　　　　4　言えばきりがない

2 山田「田中さん、京都に引っ越すんだって？」

田中「うん。よかったら遊びにきて。」

山田「じゃあ、観光（　）今度お邪魔するよ。」

1　がてら　　　　2　までして　　　　3　ながらに　　　　4　ずくめで

3 一国の大統領（　）、気軽に友人と食事にも行けない。

1　すら　　　　2　において　　　　3　ともなると　　　　4　と思いきや

4 先日初めて富士山に登った。山頂で日の出を見たときの感動（　）。

1　にほかならない　　　　　　　　2　といったらなかった

3　を余儀なくされた　　　　　　　4　にたえない

5 学校から戻った息子は家に（　）、大声で泣き始めた。

1　入るなり　　　　2　入ったが最後　　　3　入ってこそ　　　4　入っては

6 （インタビューで）

A「成功の秘訣を一つ（　）。」

B「そうですね、失敗しても自分なりに結果を分析して、改善点を見いだすことでしょうか。」

1　お聞かせ願えないでしょうか　　　2　お聞きいただけないでしょうか

3　伺っていただきたいのですが　　　4　伺わせて差し上げたいのですが

7 できるかどうかはわからないが、締切まてまだ 1 日ある。とにかくやって（　　）。

1 みるしまつだ　　　　　　　　　2 みただけのことはある

3 みるものだ　　　　　　　　　　4 みるまでだ

8 最近、多くの外国人（　　）年間何千万人もの観光客が来るため、ホテルが足りなくなっている。

1 に限り　　　　2 にわたり　　　　3 を含め　　　　4 を受け

9 我が社が海外事業に進出するか否かは、社長の考え方（　　）。

1 いかんだ　　　2 限りだ　　　　3 の至りだ　　　4 の極みだ

10 親が子供を心配する気持ちにつけこんで金をだまし取るとは、人として（　　）行為だ。

1 許すにかたくない　　　　　　　2 許すべからざる

3 許しを禁じ得ない　　　　　　　4 許すまでもない

問題2　次の文の___★___に入る最もよいものを、1・2・3・4から一つ選びなさい。

11 3か月にわたって ＿＿＿ ＿＿＿ ＿★＿ ＿＿＿ 全国に広がっていった。

　　1　とどまらず　　　2　抗議活動は　　　3　1つの地域に　　4　行われた

12 今日出そうと ＿＿＿ ＿＿＿ ＿★＿ ＿＿＿ 手紙は、未だにカバンの中に入っている。

　　1　出し　　　　　　2　ながらも　　　　3　思い　　　　　4　そびれた

13 会社をやめようかやめるまいか ＿＿＿ ＿＿＿ ＿★＿ ＿＿＿ 夢をもう一度追いかけることにした。

　　1　さんざん　　　　　　　　　2　あげく

　　3　悩んだ　　　　　　　　　　4　あきらめられなかった

14 これくらいのマンションなら ＿＿＿ ＿＿＿ ＿★＿ ＿＿＿ ので、思いきれない。

　　1　ローンの返済　　　　　　　2　にもなりかねない

　　3　に追われること　　　　　　4　無理すれば買えなくもないが

15 うちの夫は帰宅するとゲームばかりして、私の話なんて聞いてくれない。

　　私を ＿＿＿＿＿ ＿★＿ ＿＿＿ 思っているのだろうか。

　　1　ルームメートだ　　　　　　2　でも

　　3　と　　　　　　　　　　　　4　単なる

問題3 次の文章を読んで、文章全体の主旨を踏まえて、 16 から 20 の中に入る最もよいものを、1・2・3・4から一つ選びなさい。

便利の「副作用」

「便利」というのは都合のよいことであるが、よい部分だけを見ていると、それに付随して生じてくる「副作用」の部分を見落としてしまう。まず、便利になった部分に関して、それまでにあったものがなくなっている。それを失った結果、生活の質が落ちることはないか。

便利という観点からだけ見ていると、人生における重要なことは何かについて考えなくなる。便利さに乗せられて、ほかのことを考える余裕がなくなるのだ。新しいものに替えるときは、それまでのものが本当に不用なのかどうかを、もう一度よく考えてからにする。

16 、ちょっとくらい便利なものが出てきたからといって、それまでに使っていたものを即座に捨てることはなくなる。まだ十分に使えるものを捨てるのは、消費の仕方が中途半端である。商品は「完全消費」をするのが理想的である。追いかけるように新しいものが出てきて早々に旧式になる商品は、 17 「不完全商品」である。それをつくっている企業の怠慢であり、計画性のなさを示している。

また、計画的に頻繁にモデルチェンジをするのは、消費者の好みの変化に対応してなどといっているが、実際は企業が利を 18 「企み」である。それは、自社の利に関しては計画的であるが、消費者の生活については計画的に考えていない結果になっている。まだ新しいものを、いたずらに早く古いものにしてしまって、ゴミの山をつくるだけである。それは、環境の悪化への道であり、人類に対する敵対行為以外のなにものでもない。

ものに心を通わせて利用していけば、ものにも天寿を 19 、と考えるようになるはずだ。それは、ものを利用する人間の 20 。

(山﨑武也『「品格」の磨き方』講談社＋α新書による)

16

   1　そのうえで　　　　　　　　　2　それをよそに

   3　それはさておき　　　　　　　4　そうすれば

17

   1　あるいは　　　2　および　　　3　いわば　　　4　ごく

18

   1　図るとする　　2　図ろうとする　3　図るとなる　　4　図ろうとなる

19

   1　全<ruby>まっと</ruby>うさせたい　　　　　　2　全<ruby>まっと</ruby>うされたい

   3　全<ruby>まっと</ruby>うしたい　　　　　　　4　全<ruby>まっと</ruby>うさせられたい

20

   1　義務だろうか　　　　　　　　2　義務とはいえまい

   3　義務ではないだろうか　　　　4　義務ではなかろう

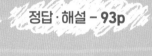

정답·해설 – **93p**

정답 수

/ **20** 문제

**문제 풀이
목표 시간**

30 분

問題1　次の文の（　　）に入れるのに最もよいものを、1・2・3・4から一つ選びなさい。

1　高校時代の恩師に（　　）、母校へ行った。
　　1　会うべく　　　　2　会うべし　　　　3　会うべき　　　　4　会うべからず

2　母「ケンカの原因は何なの？」
　　子「あおいちゃんがいないときに、あおいちゃんの日記を読んじゃったの。そうしたら、もう絶交だって言うんだ。」
　　母「そこまで言わなくてもいいのにね。けど、人の日記を勝手に読んだあなた（　　）あなたよ。」
　　1　まで　　　　　　2　でも　　　　　　3　で　　　　　　　4　も

3　遅刻するかと思ってタクシーに乗ったら、渋滞にまきこまれて（　　）時間がかかってしまった。
　　1　まさか　　　　　2　どうやら　　　　3　いったい　　　　4　かえって

4　今度の相手は強豪校だが、案外勝てるのではないかという気が（　　）。
　　1　しなくもない　　　　　　　　　2　するとは限らない
　　3　しようもない　　　　　　　　　4　するほかない

5　私の作品が最優秀賞に選ばれる（　　）、とうてい信じられない。
　　1　とも　　　　　　2　とは　　　　　　3　なり　　　　　　4　のに

6　（電話で）
　　高田「新製品につきまして、一度直接（　　）ご説明をいたしたいのですが、お伺いしてもよろしいでしょうか。」
　　小林「さようでございますか。それは、わざわざありがとうございます。」
　　1　ご覧になって　　　　　　　　　2　お会いになって
　　3　お目にかかって　　　　　　　　4　拝見して

7 山田「本当に何とお礼を言ったらいいかわかりません。ありがとうございました。」
　高橋「そんなにお礼を言わないでください。私は当たり前のことをした（　　）ん
　　　ですから。」

　　1　にすぎない　　　　　　　　　2　といったらない
　　3　ほどのことではない　　　　　4　とはいえない

8 すべての人が（　　）悩みを抱えているものです。

　　1　多さといい少なさといい　　　2　多かれ少なかれ
　　3　多かろうが少なかろうが　　　4　多いなり少ないなり

9 子供をだましてお金を奪うとは、（　　）行為だ。

　　1　教育者にたる　　　　　　　　2　教育者ならではの
　　3　教育者にあるまじき　　　　　4　教育者たらしめる

10 買い物（　　）その辺をぶらぶらしない？

　　1　のかたわら　　2　かたがた　　　3　がてら　　　　4　をはじめ

問題2　次の文の＿＿★＿＿に入る最もよいものを、1・2・3・4から一つ選びなさい。

11 ＿＿＿＿　＿＿＿＿　＿★＿　＿＿＿＿　T社のパソコンがウイルスに感染したという
ニュースが流れた。

　　1　からある　　　　2　つい　　　　　　3　1000台　　　　4　最近

12 大学が多い　＿＿＿＿　＿＿＿＿　＿★＿　＿＿＿＿、このあたりではあまり見かけない。

　　1　かと思いきや　2　多い　　　　　　3　街だから　　　　4　学生が

13 息子は頑固で、＿＿＿＿　＿＿＿＿　＿★＿　＿＿＿＿　言おうと聞かない。

　　1　言い出した　　2　誰が何と　　　　3　いったん　　　　4　が最後

14 高校時代は、バレーボール部の監督の「日々の厳しい練習　＿＿＿＿　＿＿＿＿　＿★＿
＿＿＿＿　ない」という言葉を胸に、練習に明け暮れたものだ。

　　1　勝利　　　　　2　なくして　　　　3　望みようも　　　4　など

15 アルバイトを始めたときは、給料がいいからやってみようか　＿＿＿＿　＿＿＿＿
＿★＿　＿＿＿＿　しかなかったが、いつしかお客様の喜ぶ顔を見るのが楽しみにな
っていた。

　　1　気持ち　　　　2　ぐらい　　　　　3　の　　　　　　　4　で

問題3　次の文章を読んで、文章全体の主旨を踏まえて、 16 から 20 の中に入る
最もよいものを、1・2・3・4から一つ選びなさい。

常識

　　私たちの日常生活を支えているのは「常識」です。この「常識」とは何かについて、
まずはその定義をはっきりさせることから始めましょう。日常会話における「常識」とは、
　　　「多くの人がＸを知っている」 16 「多くの人がＸを正しいと思っている」
　　　→Ｘは「常識」である
と定義づけることができます。

　　具体例で考えてみましょう。ある事実についての知識、例えば「江戸幕府の初代将軍
は徳川家康である」について、それを知っている人が日本国民の大多数であるならば「江
戸幕府の初代将軍が徳川家康なのは 17 」ということができます。

　　常識という用語をその定義から考え直すと、「常識」は「常識だから正しい」という
ことを意味しているわけではないことに気づかされます。

　　このことを 18 ために、「世の中では常識とされている」もうひとつの命題、「人間
は皮膚呼吸しないと死んでしまう」について考えてみましょう。これも徳川家康の例と
同様、多くの日本人が違和感なく受け入れている知識だと思います。化粧を落とさずに
寝ると皮膚呼吸ができなくて肌に悪いとか、全身にやけどを負うと皮膚呼吸ができなく
て死んでしまうとか……テレビで誰かが言っていたのか本で読んだのか、どこで仕入れ
た知識かは覚えていないけれど、たいていの人が受け入れている「常識」です。しかし、
これは科学的には誤りです。人間は両生類ではありませんから、皮膚呼吸をしなくて
も 19 。

　　「Ｘが正しい」ことは、「Ｘが常識である」ための必要条件ではなく、「大多数の人が
Ｘを正しいと思っている」こと 20 「Ｘが常識である」ための必要条件なのです。し
たがって、ある言説が「常識」として語られていても、それが正しいか否かは別のもの
として検討していかなければなりません。

（飯田泰之　『ダメな議論─論理思考で見抜く』ちくま新書による）

　　1　かつ　　　　　　2　なお　　　　　　3　すなわち　　　　4　ただし

　　1　常識である　　　　　　　　　　2　常識ではない

　　3　常識とみられる　　　　　　　　4　常識にはあたらない

　　1　理解される　　　　　　　　　　2　理解させる

　　3　理解していただく　　　　　　　4　理解してくださる

　　1　死ぬに越したことはありません　　2　死んだりはしません

　　3　死んで差し支えありません　　　　4　死なないことはありません

　　1　すらも　　　　　2　こそが　　　　　3　さえも　　　　　4　までが

1회
2회
3회
4회
5회
6회
7회
8회
9회
10회

6회

정답·해설 – 93p

정답 수

/ **20** 문제

문제 풀이
목표 시간

30 분

問題1 次の文の（　　）に入れるのに最もよいものを、1・2・3・4から一つ選びなさい。

1 周りが（　　）、私は自分の決めた道を進むまでです。
1　反対しようがしまいが　　　　　　　2　反対しようにもできないが
3　反対することなしに　　　　　　　　4　反対するにつけしないにつけ

2 「入社以来、長い間大変お世話になりましたが、本日（　　）退職いたします。今まで本当にありがとうございました。」
1　を皮切りに　　2　にして　　　　3　に至って　　　4　をもって

3 この発明は我が社、（　　）我が国の発展につながる可能性があるすばらしいものだ。
1　もろに　　　　　2　ひたすら　　　3　やけに　　　　4　ひいては

4 こんなに早く研究の成果が出るなんて、（　　）。
1　驚きを否めない　　　　　　　　　　2　驚きを禁じ得ない
3　驚いてやまない　　　　　　　　　　4　驚くにはあたらない

5 彼女のファッションセンスは独特で、いつも黒（　　）で変わったデザインの服を着ている。
1　だらけ　　　　　2　まみれ　　　　3　がち　　　　　4　ずくめ

6 （メールで）
営業所移転のため、来月3日の午後から翌4日の昼まで代表電話が不通となります。
ご迷惑をおかけいたしますが、どうぞご理解（　　）、よろしくお願い申し上げます。
1　いただきたく　　2　くださりたく　　3　申し上げたく　　4　いたしたく

7 看護師の仕事にはいかに苦労が多いか、想像（　　）。
1　にかたくない　　2　の至りだ　　　　3　に限る　　　　4　の極みだ

8 木村「もっと広いうちに住みたいなあ。」
上田「（　　）、掃除が大変だよ。」

1　広いにせよ　　　　　　　　2　どんなに広かろうが

3　広かったら広かったで　　　4　広いとも広くないとも

9 孫が生まれたときの両親の（　　）は、想像以上だった。

1　喜びそう　　　　2　喜びよう　　　　3　喜びがち　　　　4　喜び気味

10 （　　）、客からお金を取れるレベルの料理ではない。

1　食べられないとあれば　　　2　食べられないとは

3　食べずにはいられないが　　4　食べられなくはないが

問題2 次の文の___★___に入る最もよいものを、1・2・3・4から一つ選びなさい。

11 この会社は創業 _____ _____ __★__ _____ 取締役会が運営されている。

　　1　作られた　　　　2　規則　　　　　　3　にのっとって　　4　当時に

12 長年にわたる研究の成果が実を結び、再生医療の技術は今や世界中で注目を浴びている。しかし、すでに臨床に _____ _____ __★__ _____ というわけではない。

　　1　といえども　　　　　　　　　　2　万能である

　　3　用いられている　　　　　　　　4　まだ課題も多く抱えており

13 被害者遺族は事件の _____ _____ __★__ _____ 協力を訴えていた。

　　1　涙　　　　　　　2　解決のため　　3　早期　　　　　4　ながらに

14 どれだけ売り上げを伸ばしても、他の社員と _____ _____ __★__ _____。

　　1　かいがない　　　　　　　　　　2　変わらないのでは

　　3　努力している　　　　　　　　　4　給料が

15 彼はちょっとプログラミング _____ _____ __★__ _____ じゃないか。
　　君は君で今までの経験を生かしたらいいんだよ。

　　1　いう　　　　　　2　だけ　　　　　3　得意って　　　4　が

問題3 次の文章を読んで、文章全体の主旨を踏まえて、 16 から 20 の中に入る最もよいものを、1・2・3・4から一つ選びなさい。

高齢者に対するイメージ

言うまでもないことですが、最近の高齢者は、一昔前の高齢者に比べて、とても元気になっています。

私が成人した頃（ 16 正確な年月は書きませんが）は、男性の平均寿命は68歳、女性は73歳で、人生70年の時代でした。

かつてお年寄りというと、腰が曲がり、杖を突いているイラストが使われていましたが、今の感覚では、そのような姿で描かれるのは、おそらく90歳代半ば過ぎの人のように思います。

私の希望的観測も含まれるかもしれませんが、最近の65歳には、まだ"高齢者"というイメージはほとんど 17 。

65歳から74歳を前期高齢者、75歳以上を後期高齢者とする区分があります。どうも75歳を過ぎると、自分自身を"高齢者"と自覚する、あるいは自覚しなければならないようですが、前期高齢者たちは自分を高齢者とは思っていないのです。

そうは思いつつ、60歳代の人々は、心の片隅では「もう私も高齢者だ」と意識していますが、それでも現実にはそれを無視して暮らしています。「 18 」という思いから、実際には現実を受け入れていないのです。

たとえば、私は60歳の誕生日を迎えたとき、「私が60歳！？」というのが正直な感想で、「信じられない年齢になった」と思いました。

氏名や住所と同時に「年齢」を記入せねばならないと、自分のことではなく、誰か他人の年齢を 19 気持ちでした。そして2年くらい経つと、「本当に60代なんだ……」と認識するようになってきました。

若いときには、自分より上の年代の人たち、特に高齢者に対して固定的なイメージを勝手に抱いています。そのかつてのイメージに自分を当てはめるのが嫌なのです。それどころか、 20 のです。

（染谷俶子『まだ老人と呼ばないで』日経プレミアシリーズによる）

16

    1　とりわけ　　　　2　必ずしも　　　　3　きわめて　　　　4　あえて

17

    1　見させられません　　　　　　2　見られません

    3　見るまでもありません　　　　4　見えてなりません

18

    1　そうなろうにもなれない　　　　2　そうであればいい

    3　そう思うべき　　　　　　　　　4　そうあって欲しくない

19

    1　書いているかのような　　　　　2　書いてもさしつかえない

    3　書かざるを得ない　　　　　　　4　書くに足る

20

    1　許しがたい　　　2　許しにくい　　　3　許しやすい　　　4　許したい

정답·해설 – **94p**

정답 수

20 문제

문제 풀이
목표 시간

30 분

問題1　次の文の（　　）に入れるのに最もよいものを、1・2・3・4から一つ選びな
**　　　　さい。**

1　先週のマラソン大会では選手たちが（　　）大接戦を繰り広げた。
　　1　抜きつ抜かれつの　　　　　　　　2　抜いては抜かれては
　　3　抜くなり抜かれるなり　　　　　　4　抜こうが抜くまいが

2　母「お風呂入った？　宿題はしたの？」
　　子「（　　）お風呂だ宿題だってうるさいなあ。日曜日ぐらいゆっくりさせてよ。」
　　1　たとえ　　　　　2　ただ　　　　　3　さて　　　　　4　やれ

3　いつもよく食べる彼が、今日は食欲がないと言って昼ご飯を食べなかった。（　　）
　　今日のテストがかなり悪かったようだ。
　　1　むしろ　　　　　2　まるで　　　　　3　あたかも　　　　　4　どうやら

4　彼のこれまでの実績からすると、彼がオリンピックの出場選手に選ばれたことも
　　（　　）。
　　1　驚くにたえないだろう　　　　　　2　驚いてやまないだろう
　　3　驚くはずだろう　　　　　　　　　4　驚くにあたらないだろう

5　大雨の中、遊んで帰ってきた子供たちの服は泥（　　）だった。
　　1　みどろ　　　　　2　ずくめ　　　　　3　ぐるみ　　　　　4　まみれ

6　（レストランで）
　　シェフ「本日のお料理、お気に（　　）いただけましたでしょうか。」
　　客　　「はい。大変おいしかったです。」
　　1　召されて　　　　　　　　　　　　2　お召しになって
　　3　召して　　　　　　　　　　　　　4　召させて

7 課長に明日までにリストを作成するように頼まれたが、一人では（　　　）。どうしよう。

　　1　無理に決まっている　　　　　　2　無理だということだ

　　3　無理であるとは限らない　　　　4　無理なのもしかたない

8 こんなに遅れてしまうと、今からタクシーに（　　　）間に合いそうもない。

　　1　乗ったところで　　　　　　　　2　乗ったそばから

　　3　乗るが早いか　　　　　　　　　4　乗ったら乗ったで

9 歌のオーディションのため、何か月も前から練習してきたが、のどを痛めて声が出なくなってしまった。これでは（　　　）歌えない。

　　1　歌おうとも　　　　　　　　　　2　歌おうにも

　　3　歌ったにもかかわらず　　　　　4　歌ったといえば

10 第20回全国青年会議の開催（　　　）、一言ごあいさつ申し上げます。

　　1　を皮切りに　　　2　を最後に　　　3　にあたって　　　4　に応じて

問題2　次の文の＿＿★＿＿に入る最もよいものを、1・2・3・4から一つ選びなさい。

11 塩といってもさまざまで、＿＿＿＿　＿＿＿＿　＿★＿＿　＿＿＿＿　ものもある。

　　1　50グラムで　　2　数万円　　　　　3　中には　　　　4　からする

12 お酒にかかる税金が　＿＿＿＿　＿＿＿＿　＿★＿＿　＿＿＿＿　ことだ。

　　1　私にとっては　　　　　　　　2　お酒を飲まない

　　3　上がろうと下がろうと　　　　4　どうでもいい

13 病気が完治した母は、「＿＿＿＿　＿＿＿＿　＿★＿＿　＿＿＿＿、残りの人生は楽しく生きたい。」と早速海外旅行に出かけた。

　　1　死んだも　　　2　一度は　　　3　同然　　　　4　だから

14 仕事をする上で、会社や仲間のために多少の無理をする必要があることもわかりますが、自身の健康を犠牲　＿＿＿＿　＿＿＿＿　＿★＿＿　＿＿＿＿、それはちょっと問題です。

　　1　と　　　　　　2　となる　　　3　まで　　　　4　にして

15 ゆっくりと雲　＿＿＿＿　＿＿＿＿　＿★＿＿　＿＿＿＿、焦らずのんびりと流れに身を任せてみることも人生には必要なのかもしれない。

　　1　ごとく　　　　2　流れる　　　3　の　　　　　4　かの

問題3 次の文章を読んで、文章全体の主旨を踏まえて、 16 から 20 の中に入る最もよいものを、1・2・3・4から一つ選びなさい。

最善主義

私がお勧めしたいのは、「完璧主義」から「最善主義」へのシフトです。

最善主義とは、「様々な制約のある不公平で理不尽な現実を素直に受け入れ、そんな状況の中で、ベストを尽くそう」という現実的 16 合理的な考え方です。

最善主義は妥協やあきらめ、もしくは、完璧主義の格下げではないかと感じる人がいると思います。

しかし、最善主義は、完璧主義の良い点である「常に高みを目指し、完成度の高いものをつくり上げようという意識」を残しつつも、現実への不満を軽減したり、失敗に対する恐怖心を 17 考え方なのです。

つまり、完璧主義をレベルアップしたものが最善主義というわけです。

最善主義では失敗を恥とか敗北などネガティブなものとしてとらえません。 18 、失敗はまたとない学びのチャンスであり、改善のキッカケであると考えます。

さらに最善主義は、何かを始めるにあたって、条件を設定しません。

また、失敗はより大きな成功に必要不可欠な要素であるとも考えます。

哲学者サルトルは「悲しむことはない。いまの状態で何ができるかを考えて、ベストを尽くすことだ」という言葉を残しています。これは最善主義者が何かを始めるときの行動指針 19 。

現実問題として、すべての条件が整うなんてことは 20 。条件が整うのを待っているうちに、せっかくのチャンスを逃してしまうことのないよう、思い立ったらすぐに始め、行動しながら改善を繰り返すのが最善主義者の特徴です。

（内田和俊『レジリエンス入門　折れない心のつくり方』ちくまプリマー新書による）

16

1　というより　　2　とともに　　3　すなわち　　　4　かつ

17

1　取り除きかねる　　　　　　　2　取り除いてくれる
3　取り除くおそれがある　　　　4　取り除かずにはいられない

18

1　それどころか　　　　　　　　2　それにもかかわらず
3　それによっては　　　　　　　4　それにしても

19

1　に限ります　　　　　　　　　2　とも言えます
3　とさえ言えません　　　　　　4　でしかありません

20

1　一概に言えません　　　　　　2　しかたがありません
3　滅多にありません　　　　　　4　考えないでは済みません

정답 · 해설 – **94p**

정답 수

20 문제

문제 풀이
목표 시간

30 분

問題1 次の文の（　）に入れるのに最もよいものを、1・2・3・4から一つ選びなさい。

1　あの店で売っているトマトは（　　）、味がいいのはもちろん、無農薬で安心して食べられる。

　　1　形こそ悪くて　　2　形こそ悪さで　　3　形の悪さこそ　　4　形こそ悪いが

2　A「ああ疲れた。明日は久しぶりの休みだから一日寝ていよう。」

　　B「疲れているときは、（　　）少し運動した方がいいらしいですよ。」

　　1　むしろ　　　　　2　つい　　　　　　3　ついでに　　　　4　はたして

3　A「朝晩、冷えますね。」

　　B「そうですね。ずいぶん秋（　　）きましたね。」

　　1　ぶって　　　　　　　　　　　　2　ふうになって

　　3　まみれになって　　　　　　　　4　めいて

4　才能も実績もある彼女が、この会社でも頭角を現すことは（　　）。

　　1　想像してやまない　　　　　　　2　想像の一途をたどる

　　3　想像にかたくない　　　　　　　4　想像にあたらない

5　賛成派（　　）反対派（　　）、この町を良くしていこうという同志であることには変わりはない。

　　1　やら／やら　　　　　　　　　　2　であれ／であれ

　　3　なり／なり　　　　　　　　　　4　といい／といい

6　（手紙で）

　　先日はありがとうございました。一言お礼を（　　）、この手紙を書いております。

　　1　申し上げたく　　2　いただきたく　　3　たまわりたく　　4　おっしゃいたく

7 読書の秋だとばかりにたくさん本を買い込んだが、急に忙しくなって読む時間が無くなってしまった。本は結局（　　　）。

1　買わなくて済みそうだ　　　　　2　買ったきりになっている

3　買うつもりじゃなかった　　　　4　買って来ざるを得ない

8 国家試験に合格した彼女は、以前（　　　）ますます熱心に仕事に取り組んでいる。

1　にひきかえ　　　2　にそくして　　　3　によらず　　　4　にもまして

9 林　　「うちの主人（　　　）いい天気なのに家で本ばかり読んでいるの。」
　吉岡「いいじゃない。お金がかかるわけじゃないし。」

1　にしては　　　　2　ときたら　　　　3　にあっては　　　4　とあれば

10 北海道のような雪の多い地方に住む人（　　　）どうということもないだろうが、東京で雪が降ると歩くのも大変だ。

1　からして　　　　　　　　　　2　といっても

3　はともかくとして　　　　　　4　にしてみれば

問題2 次の文の___★___に入る最もよいものを、1・2・3・4から一つ選びなさい。

11 この店は、イタリアで修業した ___ ___ __★__ ___ 本格的なピザ
が食べられると評判だ。

    1　あって　　　　　2　彼が　　　　　　3　だけ　　　　　　4　シェフな

12 余命を宣告される ___ ___ __★__ ___、父はあきらめずに最期まで
病気と闘った。

    1　なお　　　　　　2　及んで　　　　　3　も　　　　　　　4　に

13 この雑誌の記事は絶対に ___ ___ __★__ ___、読み進めると信憑性
に欠けていると感じる。

    1　までも　　　　　2　とは　　　　　　3　間違っている　　4　言わない

14 我が家は代々続く和菓子屋で、私の ___ ___ __★__ ___ 美しさだ。

    1　他のものとは　　　　　　　　　2　祖父の作る菓子は

    3　くらべものにならない　　　　4　師匠でもある

15 多くの ___ ___ __★__ ___ として、日本では坂本龍馬があげら
れる。

    1　歴史上の　　　　　　　　　　2　現代人を

    3　人物　　　　　　　　　　　　4　引きつけずにはおかない

問題3 次の文章を読んで、文章全体の主旨を踏まえて、 16 から 20 の中に入る最もよいものを、1・2・3・4から一つ選びなさい。

洛中と洛外

　行政上、京都市にはいっていても、洛中の人々からは、京都とみなされない地域がある。街をとりまく周辺部、 16 洛外の地は、京都あつかいをされてこなかった。私をはぐくんでくれた嵯峨も、京都をかこむ西郊に位置している。ひらたく言えば、田舎だとされてきた地域のひとつなのである。

　自分は京都市に生まれそだったと、私は屈託なく言いきることができない。言えば、おさないころは洛中ですごしたと、そうにおわす余地を、のこしてしまう。自分は洛中の人間だと、誤解をされたがっているかのように、 17 。

　そういう物ほしげな男として、私は自分のことを印象づけたくない。とりわけ、洛中の京都人たちに、そう思われるのは心外である。私は彼らから田舎者よばわりをされ、さげすまれてきた嵯峨の子 18 。生まれそだちは京都市だということに、わだかまりをおぼえるのはそのためである。

　出身は京都府だという言い方なら、私もあまりためらいを感じない。奥付の著者紹介欄でも、京都府生まれとしておきたいところである。

　出生地の、ずいぶんちっぽけなちがいにこだわるんだなと、思われようか。しかし、こういうことで私を自意識の病へおいこむ毒が、京都という街にはある。精神の自家中毒を 19 のは、私だけにかぎるまい。洛外そだちには、同病の者もおおぜいいるだろう。

　ほかの街に、こういう心のもつれでなやむ人がいない、とは 20 。しかし、京都が周辺住民にもたらす葛藤は、また格別である。

（井上章一『京都ぎらい』朝日新書による）

（注）洛：京都の市街地を指す

16

  1 むしろ   2 いわゆる   3 かえって   4 それとも

17

  1 ひびくにたえない   2 ひびくに越したことはない
  3 ひびきかねなくなる   4 ひびくことはない

18

  1 にほかならない   2 に及ばない
  3 に限らない   4 に至らない

19

  1 ものともしない   2 起こせばきりがない
  3 おいてほかにない   4 余儀なくされている

20

  1 言うまでもない   2 言わなくて済む
  3 言いようがない   4 言うまい

9회

정답 · 해설 − 95p

정답 수

20 문제

문제 풀이
목표 시간

30 분

問題1 次の文の（　　）に入れるのに最もよいものを、1・2・3・4から一つ選びなさい。

1 今月末（　　）閉店することとなりました。これまでのご愛顧に感謝申し上げます。
1　をおいて　　　　2　を限りに　　　　3　を皮切りに　　　4　をよそに

2 A「遅れるなら連絡ぐらいしてくれよ。」
B「連絡（　　）、スマホをうちに忘れてきてしまったんだよ。」
1　しように　　　　2　しそうに　　　　3　しそうにも　　　4　しようにも

3 いつもおとなしい彼が（　　）あんなに怒るとは思いもしなかった。よっぽど腹が
立ったのだろう。
1　まさか　　　　　2　かえって　　　　3　どうやら　　　　4　さほど

4 幼なじみだった彼が総理大臣になるなんて、想像（　　）しなかった。
1　なり　　　　　　2　だに　　　　　　3　ゆえ　　　　　　4　のみ

5 このイベントは一人で実行するのは難しいが、三人なら（　　）。
1　やらずにはおかない　　　　　　　2　やろうにやれない
3　やってやれないことはない　　　　4　やらないものでもない

6 （お礼のメールで）
今回は結構なものを誠にありがとうございました。遠慮なく（　　）。
1　存じます　　　　2　承ります　　　　3　頂戴します　　　4　かしこまります

7 この料理はこの地域（　　）食材で作られているから、他の町ではなかなかお目に
かかれない。
1　ならではの　　　2　たる　　　　　　3　あっての　　　　4　に至る

8 森谷くんはまだ若いが、これからの日本の政治を動かしていく（　　）だろう。

もりたに

1　一人がいい

2　一人といえる

3　一人でありたい

4　一人と知っている

9 A社は世界（　　）人工知能を持った介護ロボットを発売した。

1　に即して　　　　2　にひきかえ　　　3　にもまして　　　4　に先駆けて

10 （マンションの掲示板で）

11月1日13時から14時まで、エレベーターの点検のため使用できません。（　　）

よう、よろしくお願いいたします。

1　ご理解していただきます

2　ご理解くださいます

3　ご理解してくださいます

4　ご理解されます

問題2 次の文の＿★＿に入る最もよいものを、1・2・3・4から一つ選びなさい。

11 慣れない海外旅行の前は途中で体調が悪くなる ＿＿＿ ＿＿＿ ＿★＿ ＿＿＿、
体調を整えておきたい。

　　1　ように　　　　　2　ことの　　　　　3　ない　　　　　4　という

12 私が ＿＿＿ ＿＿＿ ＿★＿ ＿＿＿ 苦労させることになってしまった。

　　1　失敗した　　　2　ばかりに　　　3　事業に　　　　4　家族にまで

13 この店舗の売り上げが好調なのは、立地条件の ＿＿＿ ＿＿＿ ＿★＿ ＿＿＿
大きいと言える。

　　1　さることながら　　　　　　　　2　よるところが

　　3　彼の営業力に　　　　　　　　　4　良さも

14 インターネットの普及で自宅にいながらにして仕事ができるようになり、 ＿＿＿
＿＿＿ ＿★＿ ＿＿＿ 怖さが潜んでいるとも言える。

　　1　一方で　　　　　　　　　　　　2　ともすると仕事中毒になりかねない

　　3　会社での残業が減る　　　　　　4　家でのプライベートな時間が減り

15 彼がこのプロジェクトの責任者なのに、彼に ＿＿＿ ＿＿＿ ＿★＿ ＿＿＿
と言わざるを得ない。

　　1　からして　　　　2　信頼がない　　　3　こと　　　　　4　報告がない

1회 2회 3회 4회 5회 6회 7회 8회 9회 10회

問題3 次の文章を読んで、文章全体の主旨を踏まえて、 16 から 20 の中に入る最もよいものを、1・2・3・4から一つ選びなさい。

公害

アセスメントがどうであろうと、住民にとって気になるのは、"公害"である。「公害とは 16 」という議論はこの際さておいて、ここでは「住民が迷惑と感じることが公害だ」というくらいにして話を進めよう。

下流施設によって生じる公害は、施設（以下では、ただ施設と言えば下流施設のこととする）の種類によって異なる。種類によって異なるばかりでなく、建設業者、事業者、運転者の能力や誠意によっても異なる。さらに、処理 17 ものを出す都市生活者の態度によっても異なる。したがって、これらについて、一律に確定的なことは言えない。

確定的なことが言えない事情は、このような多様性の他にもう一つある。施設についての技術が現在 18 、大きく変化し続けていることである。一年前に作られた施設で生じた公害が、一年後に作られた施設でも生じるとは限らない。明らかな欠陥は、メーカーとしても改善に努めるからである。現に他の施設でこういう現象が起こっているではないかと指摘 19 、それに対する事業者の回答は、メーカーの言い分をうのみにして伝えているのであるが、「改善の処置がとってあります」というものになる。これが正しいかどうかは、やってみなければわからず、やってしまえば既成事実が優先して、もう一巻の終りである。

こういうわけで、争いは、予測として、公害の発生がありそうかどうか、あるいは、それを十分予測評価するアセスメントになっているかどうかに集中する。公害が出るかどうかよりも、アセスメントが適切になされているかどうかが焦点になるのは 20 である。

（吉村功『ごみと都市生活』岩波新書による）

（注）アセスメント：環境影響評価

    1　何ゆえか　　　　　　　　　　2　何ともしがたい

    3　何にしても　　　　　　　　　4　何ぞや

17

    1　したほうがいい　　　　　　　2　しないほうがいい

    3　すべき　　　　　　　　　　　4　すべきでない

18

    1　から　　　　　2　なら　　　　　3　こそ　　　　　4　なお

19

    1　しても　　　　　　　　　　　2　するかもしれず

    3　せずに　　　　　　　　　　　4　しようとしまいと

20

    1　これだけ　　　　2　あれだけ　　　　3　このため　　　　4　あのため

정답 · 해설 - **95p**

정답 수

20 문제

문제 풀이
목표 시간

30분

問題1　次の文の（　　）に入れるのに最もよいものを、1・2・3・4から一つ選びなさい。

1 （携帯電話の店で）

店員「こちらの利用規約をよく（　　）サインをお願いいたします。」

1　ご覧の結果　　　　　　　　　　2　ご覧になった結果

3　ご覧くださった上に　　　　　　4　ご覧になった上で

2 生徒に何と（　　）、毎日多くの宿題を出すというのが南先生の信条だ。

1　言われたにもかかわらず　　　　2　言われたといえば

3　言われようとも　　　　　　　　4　言われようにも

3 （パーティーで）

加藤「吉田さん、お酒いかがですか。」

吉田「いいえ、結構です。実は前にひどい二日酔いになったことがあって、それ以来（　　）お酒は飲まないと決めたんですよ。」

1　二度と　　　　　2　まるで　　　　　3　とうとう　　　　　4　一度も

4 母「どうしたの、そんなに濡れて。傘を持って行かなかったの？」

子「だって、お兄ちゃんが今日は雨降らないって（　　）。」

1　言ってたんだっけ　　　　　　　2　言ってたからって

3　言ってたんだもん　　　　　　　4　言ってたもんか

5 アルバイトに応募したが採用されなかった。（　　）。また、頑張って探そうと思う。

1　くよくよしてばかりいても始まらない

2　くよくよするに越したことはない

3　くよくよしてしかたがない

4　くよくよしてもさしつかえない

6 医者になってほしいという親の期待（　　）、彼は大学には進学せず、世界中を旅している。

　　1　をもって　　　　　2　にもまして　　　3　をよそに　　　　4　に即して

7 （パーティーで）

　　A「こんな遠いところまで（　　）、ありがとうございます。」
　　B「こちらこそ、お招きくださって感謝いたします。」

　　1　おいでくださって　　　　　　　　2　参りまして
　　3　頂戴して　　　　　　　　　　　　4　来て差し上げて

8 彼は会社に（　　）、ダンス教室で講師もしている。

　　1　勤めがたく　　　　　　　　　　　2　勤めるかたわら
　　3　勤めがてら　　　　　　　　　　　4　勤めるそばから

9 石川「橋本さんって、毎月どれぐらい本を読んでるの？」
　　橋本「忙しさにもよるけど、だいたい5、6冊（　　）ね。」

　　1　ところでだ　　　　　　　　　　　2　としたところだ
　　3　ところだ　　　　　　　　　　　　4　といったところだ

10 今、プロ野球で活躍中の彼がもう引退してしまう（　　）、到底信じられない話だ。

　　1　とはいえ　　　　　2　ものの　　　　　3　と思いきや　　　4　とは

問題2 次の文の__★__に入る最もよいものを、1・2・3・4から一つ選びなさい。

11 A社が企画したコンサートは、_____ _____ __★__ _____、大成功に終わった。

    1　10,000人　　　2　来場され　　　3　お客様が　　　4　に上る

12 彼の実力は誰もが認めるところだ。試験に _____ _____ __★__ _____ だろうに。

    1　合格した　　　2　さえ　　　　3　しなければ　　4　遅れ

13 少子高齢化は _____ _____ __★__ _____ に見られる深刻な問題だ。

    1　のみならず　　　　　　　　　2　諸外国においても
    3　同様　　　　　　　　　　　　4　わが国

14 収賄問題で野党側の追及が続けば、首相は _____ _____ __★__ _____。

    1　おそれがある　　　　　　　　2　余儀なくされる
    3　遅かれ早かれ　　　　　　　　4　辞任を

15 新人だからといって甘えていてはいけない。仕事ができない _____ _____ __★__ _____ ことから一つずつ覚えていくしかないのだ。

    1　なら　　　　　2　できる　　　3　できない　　　4　なりに

問題3 次の文章を読んで、文章全体の主旨を踏まえて、[16] から [20] の中に入る最もよいものを、1・2・3・4から一つ選びなさい。

思考

　考えるとひと口に言うけれども、前段と後段の二つに分かれる。前段は、なにか [16] の思考である。わかりやすい例で言えば、算数の問題の答えを出そうとして、頭を働かせるときの考えである。すこし難しい本を読んで、その「意味を考える」というときの考えもそうである。はじめての仕事にとりかかりうまくはこばないとき、どうしたらすんなりいくか、いろいろ工夫する。これもこの思考に入れてよい。具体的な問題を前にして考える具体的な思考がこの前段思考である。

　これはほとんどの人がしている思考、考えるという自覚なしに行っている思考であって、これをまったく経験しない [17] 。

　後段で言っている思考はこういう具体的思考ではない、自由思考、純粋思考で、これをしている人は限られている。一生の間、一度もこの後段思考をしたことのない人はいくらでもいる。それどころか、ほとんどの人が、本当の思考をしないまま生涯を終えると [18] 。

　どういうのが、自由思考か、純粋思考であるかというと、いまないもの、わからないものを考えることである。

　算数の応用問題の答えを求めて考えるのは、先にも言ったように、前段思考、具体思考である。それに対して算数の応用問題を"つくる"のは自由思考である。どういう問題をつくるかは自由である。一般に問題に答えるのより問題をつくる方がはるかに難しい。[19] 、問題を解く思考のみ力を入れる教育が行われている。いくら問いに答えるのに上達しても、問題をつくる力はつかない。学校で算数や数学を勉強しても、本当の思考、純粋思考とは無縁であるのが普通である。

　自由、純粋思考は後段、つまり、あとでできる思考のように聞こえるかもしれないが、人間はすべて、みな自由で純粋な思考をしているのである。

　乳幼児は、なにも知らない、まして考えるなどということの [20] 、とするのが常識であろうが、実は、きわめて活発な思考を行っているのである。

（外山滋比古　『逆説の生き方』講談社＋α文庫による）

16

    1　にとって　　　　2　について　　　　3　によって　　　　4　にあいまって

17

    1　人間はないであろう　　　　　　　2　人間はいるはずだ

    3　人間はないわけではない　　　　　4　人間はいるかもしれない

18

    1　言えばそれまでだ　　　　　　　　2　言わずにはすまない

    3　言っても言いすぎではない　　　　4　言うまでのことだ

19

    1　そのためもあって　　　　　　　　2　そうであろうと

    3　そればかりか　　　　　　　　　　4　それをものともせず

20

    1　できるわけだ　　　　　　　　　　2　できるわけがない

    3　できないわけだ　　　　　　　　　4　できないわけがない

집필진 소개

上田暢美 (うえだ のぶみ) **우에다 노부미**
大学・日本語学校非常勤講師
대학·일본어학교 비상근 강사

内田嘉美 (うちだ よしみ) **우치다 요시미**
日本語学校非常勤講師
일본어학교 비상근 강사

桑島卓男 (くわじま たくお) **구와지마 타쿠오**
元日本語講師／北海道厚沢部町公営塾 講師
전 일본어 강사, 홋카이도 앗사부초 공영 학원 강사

糠野永未子 (ぬかの えみこ) **누카노 에미코**
大学・日本語学校非常勤講師
대학·일본어학교 비상근 강사

吉田歌織 (よしだ かおり) **요시다 카오리**
大学・日本語学校非常勤講師
대학·일본어학교 비상근 강사

若林佐恵里 (わかばやし さえり) **와카바야시 사에리**
日本語教師／日本語教師養成講座講師／ライター
일본어 교사, 일본어 교사 양성 강좌 강사, 작가

安達万里江 (あだち まりえ) **아다치 마리에**
関西学院大学国際学部日本語常勤講師
간사이가쿠인대학 국제학부 일본어 상근 강사

정답
해설

해석
보기

단어
보기

단어
듣기

범례

N : 명사

V : 동사

    Vて : て형

    Vる : 사전형

    Vよう : 의지형, 청유형

    Vられる : 수동형

問題 1

1 2

2 3 아이 같은 남편에 대한 아내의 발언

3 3

4 4

5 1

6 3 「Nが Nだけに N이 N이니만큼」 = N이라는 이유가 있어서

7 2 우리 쪽 동료 관계인 스즈키 부장님의 행동으로서 올바른 말을 고른다.

8 4

9 2 「～やいなや ~하자마자」=「～するとすぐに ~하자 곧바로」

10 1 「契機に 계기로」=「きっかけに 계기로」

問題 2

11 3 2→1→3→4 「Nひとつにしても N 하나만 해도」는 누군가의 장점을 말하기 위해 예를 들 때 사용한다.

12 4 3→1→4→2

13 1 4→2→1→3 「失礼極まる 무례하기 짝이 없다」 = 매우 실례이다
「～極まる」=「～極まりない」 여기서도 「失礼極まりない」라고 표현할 수 있다. 앞부분의 상태가 심하다는 의미이며, 일상생활에서는 「極まりない」를 더 많이 사용한다.

14 3 4→1→3→2

15 4 2→1→4→3

問題 3

16 3 「そうなると 그렇게 되면」은 변화를 나타내는 표현이다.

17 4 누가 「満たされる 충족되는」 것인지 생각한다.

18 2

19 1

20 4

問題 1

1 1 「Vてやみません V해 마지않습니다」 = 매우 ~하고 있습니다

2 1

3 4

4 4

5 2 「～に～ ~에~」=「とても～ 매우~」의 의미. 「～」에는 동사 ます형(「ます」를 뗀 형태)이 들어간다.

6 1 「Vる所存です V하고자 합니다」 = ~하려고 생각하고 있습니다(겸양 표현)

7 3

8 1

9 4 「Vられる V되어지다」 = 자연스레 ~해 버리다

10 2 「帰るに帰れない 돌아가려 해도 돌아갈 수 없다」 = 돌아가고 싶지만 못 돌아간다

問題 2

11 2 3→4→2→1

12 3 1→4→3→2

13 2 4→3→2→1

14 1 2→3→1→4 「お金に手をつける 돈에 손을 대다」 = 돈을 훔치다 「～を禁じ得ない ~을 금할 수 없다」 = ~의 감정이 솟구쳐 올라와 억누를 수 없다

15 3 4→2→3→1

問題 3

16 4 「～がゆえ(に) ~이기 때문에」 = ~가 이유로

17 4

18 3 「なしうる 할 수 있다」 = 이룰 수가 있다

19 2

20 4

問題 1

1 1

2 2

3 4 「かつ 또한」=「そして 그리고」

4 3

5 3 「だに 조차」와 같은 의미이지만 「さえ 조차」의 앞에는 반드시 명사(+조사)가 온다.

6 4

7 4

8 1

9 2

10 1 「言わんばかりに 말하는 듯이」 = 말하지는 않았지만 그 기분이 행동에 매우 드러나고 있다.

問題 2

11 2 4→1→2→3 「手本 본보기」= 좋은 샘플

12 4 3→1→4→2

13 3 1→4→3→2

14 2 3→4→2→1 「~きらいがある ~하는 경향이 있다」= ~라고 하는 나쁜 경향이 있다

15 1 3→4→1→2 부모님께 선물이 되었으면 해서

問題 3

16 2

17 2

18 1

19 4 앞에 있는 「それが 그것이」는 여기서는 「ところが 그러나」의 의미

20 1

問題 1

1 4 「きりがない 끝이 없다」=「終わりがない 끝이 없다」

2 1 「~がてら ~하는 김에, ~을 겸하여」=「~のついでに ~하는 김에」,「~かねて ~을 겸해서」

3 3 「ともなると ~라도 되면, ~쯤 되면」= ~라고 하는 상황이 되면

4 2

5 1

6 1 누가 질문하고 있는지를 생각한다.

7 4

8 3

9 1 「社長の考え方いかんだ 사장님의 생각 여하에 달려 있다」= 사장님의 생각하는 방식에 따라 결과가 정해진다

10 2 「~べからざる ~할 수 없다」=「~することができない ~할 수가 없다」

問題 2

11 3 4→2→3→1

12 1 3→2→1→4 「出しそびれる 미처 부치지 못하다」= 편지를 부칠 타이밍을 놓치다

13 2 1→3→2→4

14 3 4→1→3→2

15 3 4→1→3→2 「~とでも ~라고」는 예시를 들 때 사용하는 말

問題 3

16 4

17 3

18 2

19 1 「天寿を全うする 천수를 누리다」= 마지막까지 (타고난 수명을 다할 때까지) 충분히 사는 것. 여기서는 물건을 더 이상 사용할 수 없을 때까지 충분히 쓰는 것

20 3

問題 1

1 1

2 4

3 4

4 1 「気がしなくもない 생각이 안 드는 것도 아니다」 = 조금 그런 생각이 든다

5 2

6 3 「お目にかかる 뵙다」=「会う 만나다」의 존경 표현

7 1

8 2

9 3 「～にあるまじき ~에게 있을 수 없는」=「～がしてはいけない ~가 해서는 안 되는」

10 3 「かたがた ~겸하여, ~하는 김에」는 「がてら」와 비슷하게 두 가지의 동작을 동시에 또는 병행해서 한다는 의미인데, 딱딱하고 격식 차린 표현이다.

問題 2

11 3 2→4→3→1 「つい最近 요 근래」 = 아주 최근

12 2 3→4→2→1 「～と思いきや ~라고 생각했는데」 = ~라고 생각했지만 (의외로 ~는 아니었다)

13 4 3→1→4→2

14 4 2→1→4→3 「など 등」=「なんて 따위」

15 1 2→3→1→4

問題 3

16 1

17 1

18 3 누가 무엇을 이해하는지 생각한다.

19 2

20 2

問題 1

1 1

2 4

3 4

4 2

5 4 「Nずくめ N투성이」 = N만 있는 것 「黒ずくめ 검정 일색」, 「いいことずくめ 좋은 일 뿐」 등 정형화된 표현이 많다.

6 1

7 1 「想像にかたくない 상상하기 어렵지 않다」=「簡単に想像できる 쉽게 상상할 수 있다」

8 3

9 2

10 4

問題 2

11 2 4→1→2→3

12 4 3→1→4→2

13 1 3→2→1→4 「涙ながらに 눈물을 흘리면서」=「泣きながら 울면서」

14 3 4→2→3→1

15 1 4→3→1→2

問題 3

16 4

17 2

18 4 선택지 중의 「そう 그렇게」가 무엇을 가리키는지 생각한다.

19 1

20 1 바로 앞의 「それどころか 그러기는커녕, 오히려」에 주목한다. 「～がたい ~하기 어렵다」 = ~하는 것이 곤란하거나 불가능하다

問題 1

1. 1

2. 4 「やれ〜だ…だ ~을 하라느니 …을 하라느니」
는 같은 종류의 사항을 두 가지 나열해서 사용
한다. 좋지 않은 일에 사용하는 경우가 많다.

3. 4

4. 4 「〜にあたらない ~할 필요 없다, ~할 만한 일
이 아니다」=「〜ほどではない ~할 정도는
아니다」. 감정을 나타내는 말에 붙는다.

5. 4 「Nまみれ N 투성이」= N이 표면에 잔뜩 묻
어서 더러워져 있는 모습

6. 3

7. 1

8. 1

9. 2

10. 3 「〜にあたって ~함에 있어서」는 스피치(연
설) 등 격식 차린 상황에서 사용한다.

問題 2

11. 2 3→1→2→4

12. 1 3→2→1→4

13. 3 2→1→3→4

14. 2 4→3→2→1 「犠牲にしてまで 희생시
켜서까지」= 어떤 목적(일)을 위해 최대의 희
생(자신의 건강)을 치르면서까지

15. 4 3→2→4→1 「〜かのごとく 마치~인
듯」=「(まるで) 〜のように (마치) ~인 것
처럼」의 문어적 표현

問題 3

16. 4

17. 2 최선 주의의 이점에 대해 말하고 있는 것에
주목한다.

18. 1

19. 2

20. 3

問題 1

1. 4 「形こそ悪いが 모양은 나쁘지만」= 모양은
예쁘지 않지만

2. 1

3. 4

4. 3 「頭角を現す 두각을 나타내다」= 재능 등이
주위보다 우수하여 눈에 띄다

5. 2

6. 1

7. 2

8. 4

9. 2

10. 4 「Nにしてみれば N의 입장에서는, N의 입장에
서 보면」= N의 입장에서 생각하면

問題 2

11. 3 2→4→3→1 「〜だけあって ~인 만큼,
~이기 때문에 (역시)」= (원인이나 이유로서)
당연하다

12. 3 4→2→3→1

13. 4 3→2→4→1 「間違っているとは言わ
ないまでも 틀렸다는 것까지는 아니더라도」
= 틀렸다라고 단정지어 말할 수는 없지만

14. 1 4→2→1→3

15. 1 2→4→1→3

問題 3

16. 2 「いわゆる 소위, 이른바」= 일반적으로 자주
말하는 것을 가리킨다. 「街をとりまく周
辺部 거리를 둘러싼 주변부」를 바꾸어 말하고
있다.

17. 3 「〜かねなくなる ~할지도 모르게 되다」는 나
쁜 일이 일어날 가능성이 있다는 의미. 필자
는 라쿠추 사람이라고 오해받고 싶지 않다는
것에 주목한다.

18. 1

19 4 「余_よ儀_ぎなくされる 어쩔 수 없이(부득이하게)
~하게 되다」 = 그렇게 하지 않을 수 없는 상황

20 4

の処_{しょ}置_ちがとってあります 개선 조치를 취해
두었습니다」가 되는 점에 주목한다.

20 3

9회

問題 1

1 2

2 4

3 1

4 2 「Nだにしない N조차 하지 않다, N도 하지 않
다」 = 「Nさえしない N조차 하지 않다」, 「N
すらしない N조차 하지 않다」

5 3

6 3

7 1 「Nならではの N이기 때문에 할 수 있는」 = N
특유의, N이 아니고는 할 수 없는, N밖에 못
하는

8 2

9 4 「〜に先_さ駆_がけて ~에 앞서서」 = 다른 사람이
아직 하지 않은 것을 하다

10 2 선택지 1과 3은 「して 하고」가 있으므로 ×

問題 2

11 3 4→2→3→1

12 2 3→1→2→4

13 3 4→1→3→2 「Nによるところが大_{おお}き
い N에 따른(의한) 부분이 크다」 = N의 영향이
크다

14 4 3→1→4→2

15 1 4→3→1→2

問題 3

16 4 「何_{なん}ぞや 무엇이냐」 = 「何_{なん}だろう 무엇일까」

17 3

18 4

19 1 바로 앞에 「指_し摘_{てき} 지적」에 대한 대답이 「改_{かい}善_{ぜん}

10회

問題 1

1 4

2 3

3 1

4 3

5 1 「くよくよする 끙끙 앓다」 = 계속 생각하며
고민하다

6 3

7 1 「おいでくださって 와 주셔서」 = 「来_きて く
れて 와 주어서」의 존경 표현

8 2 「会_{かい}社_{しゃ}に勤_{つと}めるかたわら 회사에 근무하는 한
편」 = 「会_{かい}社_{しゃ}に勤_{つと}める一_{いっ}方_{ぽう}で 회사에 근무하
는 한편으로」, 「会_{かい}社_{しゃ}に勤_{つと}めるのとは別_{べつ}に
회사에 근무하는 것과는 별개로」

9 4

10 4 「〜とは ~(하)다니」 = 「〜なんて ~라니」

問題 2

11 3 1→4→3→2

12 4 4→2→3→1

13 2 4→1→2→3

14 2 3→4→2→1

15 4 1→3→4→2 「できないならできな
いなりに 못하면 못하는 대로」 = 할 수 없다
면 그 수준에 맞는 정도로

問題 3

16 2

17 1

18 3 바로 앞 문장에 있는 「一_{いっ}生_{しょう}の間_{あいだ}、一_{いち}度_ども
この後_{こう}段_{だん}思_し考_{こう}をしたことのない人_{ひと}は

いくらでもいる 평생 단 한번도 이 뒤 단계 사
고를 해 본 적이 없는 사람은 얼마든지 있다」에 주
목한다.

19 1
20 2

초판인쇄	2023년 8월 21일
초판발행	2023년 8월 31일
저자	上田暢美, 内田嘉美, 桑島卓男, 糠野永未子, 吉田歌織, 若林佐恵里, 安達万里江
편집	조은형, 김성은, 오은정, 무라야마 토시오
펴낸이	엄태상
디자인	이건화
조판	이서영
콘텐츠 제작	김선웅, 장형진
마케팅본부	이승욱, 왕성석, 노원준, 조성민, 이선민
경영기획	조성근, 최성훈, 김다미, 최수진, 오희연
물류	정종진, 윤덕현, 신승진, 구윤주
펴낸곳	시사일본어사(시사북스)
주소	서울시 종로구 자하문로 300 시사빌딩
주문 및 문의	1588-1582
팩스	0502-989-9592
홈페이지	www.sisabooks.com
이메일	book_japanese@sisadream.com
등록일자	1977년 12월 24일
등록번호	제 300-2014-92호

ISBN 978-89-402-9367-6 (14730)
　　　 978-89-402-9365-2 (set)